Carmen Dahlem

Cut & Go!

Winter-Accessoires
schnell & leicht genäht

Liebe Leserin, lieber Leser,

jedes Jahr kommen sie wieder: die kühlen Tage. Dann zieht es uns aufs Neue zu schönen, farbigen und kuschelig-warmen Dingen hin. Aber wir finden nicht immer das, was wir gerne hätten. Was liegt da näher, als sich mit Liebe und tollen Stoffen fantastische Kuschelaccessoires zu nähen, um sich selbst oder lieben Menschen etwas Gutes zu tun? In diesem Buch finden Sie tolle Accessoires von Kopf bis fast zum Fuß.

Die klaren Schnittführungen, das Spiel mit unterschiedlichen Farben und Materialien und die verschiedenen Tragemöglichkeiten machen aus diesen Modellen wahre Lieblingsstücke. Suchen Sie sich einen tollen Stoff aus, kombinieren Sie die hochwertigen – und auch für absolute NähanfängerInnen geeigneten – Materialien Walk und Fleece nach Ihren Wünschen, lassen Sie bei den dekorativen Elementen Ihrer Kreativität freien Lauf und haben Sie einfach Spass und Freude beim Nähen.

Alle hier vorgestellten Modelle sind in meinen Nähkursen zu den Top 25 gewählt worden und erfreuen sich bei Alt und Jung großer Beliebtheit. Daher möchte ich auch Ihnen meine schnell zu realisierenden und vor allem näh-erfolgversprechenden Projekte nicht länger vorenthalten.

Bleibt mir nur noch, Ihnen viel Spaß beim Nähen und viele kuschelige Stunden mit Ihren neuen Lieblingsaccessoires zu wünschen.

Ihre

Inhalt

Aufwändigkeitsgrade der Modelle

● = einfach und schnell

●● = mit geringem Aufwand

●●● = etwas aufwändiger

Sanft umschlungen

Halsnaher Loop · Einheitsgröße · Aufwand ●

Der Loop schmiegt sich schön an den Hals ohne einzuengen und schließt dennoch Kälte und Wind aus. Raffinierte Stoffe machen dieses Modell flott und interessant.

Material
- 35 x 70 cm Walk
- 35 x 70 cm Fleece
- passendes Nähgarn
- Nähnadel

Zuschnitt
1 cm breite Nahtzugaben sind in der Maßangabe bereits enthalten.
- je 1 Rechteck à 32 x 67 cm in Walk und Fleece, die kurzen Seiten liegen dabei im Fadenlauf

So geht's
Legen Sie den Walk passgenau rechts auf rechts auf den Fleece. Stecken und steppen Sie die beiden langen Seiten. Am besten wählen Sie hierzu einen schmalen Zickzackstich, damit die Naht etwas elastisch wird. Sie haben nun einen Schlauch vor sich liegen, bei dem die rechten Stoffseiten innen liegen. Greifen Sie nun von einer Seite durch diesen Schlauch und ziehen Sie das Ende durch den Schlauch durch, bis beide offenen Stoffkanten aufeinanderliegen. Dabei treffen die Nähte der eben gesteppten Seiten aufeinander. Stecken Sie nun die offenen Kanten zusammen und achten Sie darauf, dass die Nahtzugaben der schon bestehenden Nähte jeweils auseinanderliegen. Nähen Sie anschließend die Runde bis auf ein Wendeloch von ca. 10 cm zusammen. Durch diese Öffnung wird der Loop gewendet. Zum Schluss schließen Sie das Wendeloch von Hand.

Oder doch lieber anders?
Wenn Sie einen dickeren Schal und mehr Volumen um Ihren Hals haben möchten, können Sie den Loop auch in der Größe 40 x 70 cm arbeiten.

Streifenlook

Nicht nur bei Oberteilen kommt es auf interessante Linienführungen an. Auch das Handgelenk wird durch effektvolle Biesen schön in Szene gesetzt.

Material

- 25 x 55 cm Walkstoff
- passendes Nähgarn
- Schneiderkreide

Zuschnitt

Schablone in Grau auf Bogen A.
1 cm breite Nahtzugaben sind in den Maßangaben bereits enthalten.

- 2 Rechtecke à 21 x 25 cm

Tipp

Stecken Sie die Biesen erst einmal am Stulpenteil ab und halten Sie es an Ihre Hand. Erst wenn Ihnen Ihre Kreation (Länge, Weite, Anzahl) gefällt, nähen Sie die Biesen.

So geht's

Fertigen Sie nach der Vorlage vom Bogen eine Schablone für die Biesen.
Die Schablone legen Sie auf die rechte Seite eines Walkrechtecks und zeichnen in den Schlitzen mit Kreide die Biesen ein. Verlängern Sie die Linien bis zur Kante bzw. bis an die anderen Biesen. Nähen Sie zuerst die kürzeren Biesen. Falten Sie dazu den Stoff entlang der 1. Kreidelinie links auf links. Stecken Sie den Bruch fest und steppen Sie die Biese sehr schmal ab, dabei sollten die Anfangs- und End-fäden der Naht nicht kürzer als 10 cm sein. Ziehen Sie die Fäden auf die linke Stoff-seite und verknoten bzw. vernähen die Fäden auf der Biesenrückseite. Arbeiten Sie die beiden anderen Biesen und dann die 2. Biesengruppe wie eben beschrieben.
Als Nächstes legen Sie die Stulpe der Länge nach rechts auf rechts zusammen. Stecken Sie die 25 cm langen Kanten aufeinander und verbinden die Stofflagen mit einer geraden Naht. Legen Sie die Nahtzugaben auseinander.
Um die obere und untere Stoffkante zu säumen, schlagen Sie die Kanten jeweils 1 cm breit nach innen um. Diesen einfachen Saum fixieren Sie mit ein paar Steck-nadeln und steppen ihn füßchenbreit ab.
Nähen Sie die 2. Stulpe wie oben beschrieben, legen Sie die Schablone dabei jedoch spiegelverkehrt auf.

Oder doch lieber anders?

Die Biesen können auch mit größeren oder kleineren Abständen zueinander genäht werden. Schöne Effekte können Sie auch mit unterschiedlich langen geraden bzw. frei gestalteten Biesen erzielen.

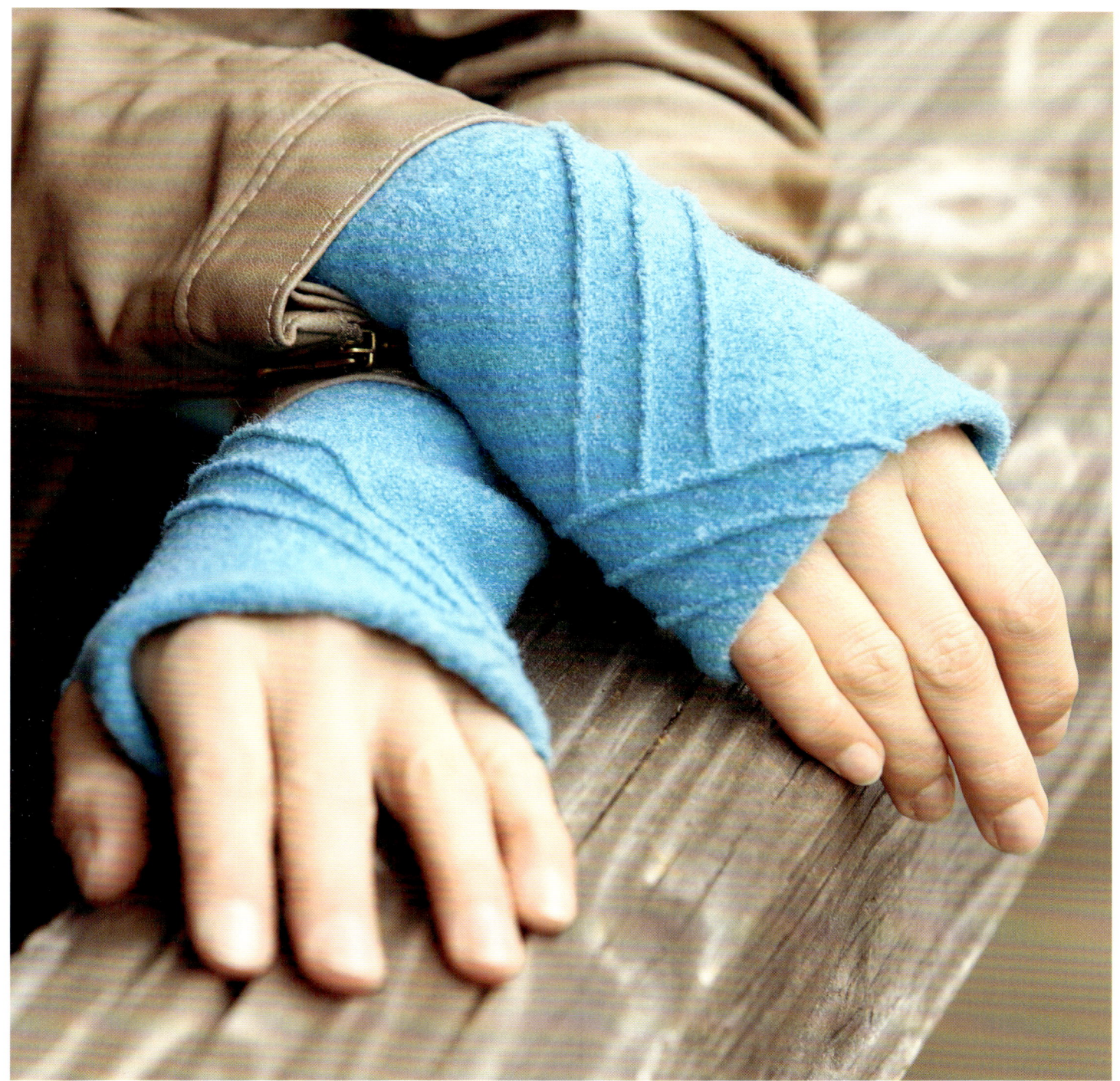

Genialer Begleiter für kühle Tage

Schalmütze · Einheitsgröße · Schnittteile in Grau auf Bogen B · Aufwand ● ●

Wer sich gerne in schönen Stoff einkuschelt, wird sich mit diesem Kapuzenschal rundum wohl fühlen. Die langen Schalenden bieten viele Tragevarianten.

Material

- 35 x 70 cm Walk (A, dunkel)
- 35 x 70 cm Fleece (B, dunkel)
- 50 x 140 cm Walk (C, hell)
- 50 x 140 cm Fleece (D, hell)
- passendes Nähgarn
- Nähnadel

Zuschnitt

Schnittteile in Grau auf Bogen B.

1 cm breite Nahtzugaben sind in den Schnittteilen und der Maßangabe bereits enthalten.

- 2x Seitenteil in Walk A
- 2x Seitenteil in Fleece B
- 1x Mittelteil in Walk C
- 1x Mittelteil in Fleece D
- je 2 Schalstreifen à 17 x 130 cm in Walk C und Fleece D

So geht's

Beginnen Sie mit der Außenkapuze: Legen Sie die Seitenteile aus Walk jeweils rechts auf rechts auf das Mittelteil, beachten Sie dabei die Ansatzpunkte. Stecken und steppen Sie die Teile zusammen. Nähen Sie die Innenkapuze auf die gleiche Weise. Nun schneiden Sie bei beiden Kapuzen die Nahtzugaben der Seitenteile bis auf 4 mm zurück und legen die längere Nahtzugabe des Mittelteils nach außen über die Nahtzugabe des Seitenteils. Steppen Sie nun von rechts die Nahtzugabe mit ca. 5 mm Abstand zur Naht ab.

Als Nächstes legen Sie die Innen- und Außenkapuze rechts auf rechts ineinander, hierbei treffen die Nähte aufeinander. Stecken und nähen Sie die vorderen Kapuzenkanten aufeinander. Wenden Sie die Kapuze, sodass die Walkseite außen liegt, und steppen Sie die vordere Kapuzenkante etwa 5 mm breit ab.

Stecken und nähen Sie jeweils die beiden Schalstreifen aus Walk und Fleece an einer Schmalseite rechts auf rechts zusammen, beachten Sie dabei die Richtung des Stoffmusters. Bei beiden Schals schneiden Sie je eine Nahtzugabe wieder auf ca. 4 mm zurück, legen die längere Nahtzugabe darüber und steppen diese von der rechten Stoffseite 5 mm breit ab.

Legen Sie die Kapuze mit der Walkseite mittig auf die rechte Seite des Walkschals. Die offene Kapuzenkante liegt an der Längskante des Schals. Legen Sie den Fleeceschal rechts auf rechts auf den Walkschal. Die Kapuze liegt nun zwischen den Schalstreifen. Stecken und nähen Sie alle Schalkanten aufeinander, lassen Sie dabei eine ca. 20 cm große Wendeöffnung gegenüber des Kapuzenansatzes offen. Wenden Sie den Schal und schließen die Wendeöffnung von Hand. Steppen Sie alle Kanten füßchenbreit ab.

Raffiniert aufgeschlagen

Geschwungenes Stirnband · Kopfumfang 54 – 56 cm · Schnittteil in Grau auf Bogen A · Aufwand ●

Dieses Modell hat eine geschwungene Kante und wird an der breitesten Stelle etwas umgeschlagen. So setzt der Innenstoff einen weiteren Farbakzent.

Material

- 20 x 60 cm Walk
- 20 x 60 cm Fleece
- passendes Nähgarn
- Nähnadel
- eventuell Zackenschere

Zuschnitt

Schnittteil in Grau auf Bogen A.

1 cm breite Nahtzugaben sind im Schnittteil bereits enthalten.

- 1x Stirnband im Stoffbruch in Walk
- 1x Stirnband im Stoffbruch in Fleece

So geht's

Legen Sie die Stirnbänder rechts auf rechts aufeinander. Stecken Sie dann jeweils die geschwungenen und die geraden Kanten aufeinander und nähen sie mit einem schmalen Zickzackstich zusammen. Die Nahtzugaben der geschwungenen Naht schneiden Sie mit der Zackenschere etwas zurück oder mit der normalen Schere in kleinen Abständen bis kurz vor die Naht ein.

Wenden Sie den entstandenen Schlauch bis zur Hälfte, sodass die linken Seiten außen liegen. Legen und stecken Sie dann die offenen Kanten rechts auf rechts so übereinander, dass die Nähte aufeinandertreffen und das Band nicht verdreht wird. Nähen Sie die offenen Kanten des Walks aufeinander. Wenden Sie das Stirnband und schließen Sie die Wendeöffnung am Fleece mit Staffierstichen von Hand.

Zum Schluss klappen Sie noch den äußeren Bogen etwas nach oben um, sodass Walk auf Walk liegt, und fixieren den Umschlag ebenfalls mit ein paar Handstichen.

Hand-Tasche

Muff • Größe: ca. 20 x 30 cm • Aufwand ●

Was Oma noch zu schätzen wusste, ist jetzt endlich wieder topaktuell – denn praktisch ist der kuschelige Muff allemal.

Material

- 50 x 35 cm Fell
  Wenn Sie ein Fell mit Strichrichtung verwenden,
  sollte die lange Kante in Strichrichtung verlaufen.
- 35 x 100 cm Fleece
- 150 cm Schmuckkordel, Ø ca. 1,5 cm
- passendes Nähgarn

Zuschnitt

1 cm breite Nahtzugaben sind in den Maßangaben
bereits enthalten.

- 1 Fellrechteck à 46 x 30 cm
- 2 Fleecerechtecke à 46 x 30 cm

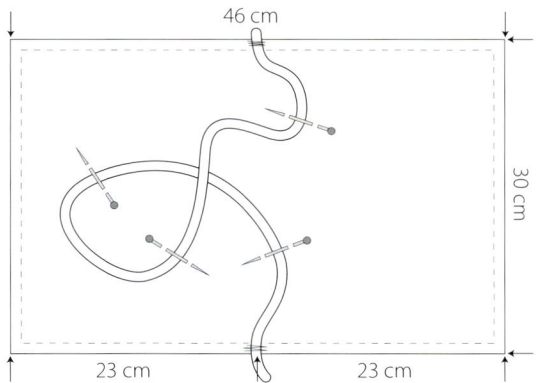

46 cm

30 cm

23 cm   23 cm

So geht's

Legen Sie die 2 Fleecerechtecke passgenau links auf links aufeinander. Stecken Sie alle Kanten und steppen diese füßchenbreit auf der Nahtzugabe zusammen. Vernähen Sie die Enden der Kordel mit ein paar Stichen, damit sie sich nicht wieder aufdrehen kann.

Fixieren Sie die Enden der Kordel, wie im Schema zu sehen, mit ein paar Stichen auf den Nahtzugaben der rechten Fellseite. Damit Sie bei der weiteren Verarbeitung die Kordel nicht aus Versehen mitfassen, fixieren Sie die Kordel in der Mitte des Fellstücks.

Nun legen Sie das Fellrechteck rechts auf rechts auf das doppelte Fleeceteil, stecken und steppen eine lange Seite. Falten Sie Fell und Fleece auseinander und legen die Nahtzugaben ebenfalls auseinander. Legen und stecken Sie das zusammengesetzte Stoffstück wieder an den Längskanten (halb Fell/halb Fleece) rechts auf rechts zusammen, sodass die Enden der eben gesteppten Naht bündig aufeinanderliegen.

Steppen Sie die Kante bis auf ein Wendeloch im Fleecebereich von ca. 10 cm zusammen. Sie haben nun einen langen Schlauch. Diesen legen Sie so zum Ring zusammen, dass die offenen Kanten aneinanderstoßen. Hierbei darf sich der Schlauch nicht in sich verdrehen. Stecken Sie die Schlauchenden rechts auf rechts aufeinander, dabei treffen sich die Nähte, die Nahtzugaben liegen auseinander. Nähen Sie die Schlauchenden in der Runde zusammen. Jetzt müssen Sie nur noch den kompletten Muff durch die Öffnung wenden und das Wendeloch von Hand schließen.

Pariser Chic

Baskenmütze · Kopfumfang 54 – 56 cm · Schnittteile in Schwarz auf Bogen A · Aufwand ● ●

Eine Mützenform mit Geschichte. Dieses Modell steht besonders Menschen mit einem eher ovalen oder länglichen Gesicht.

Material

- 40 cm Walk, 140 cm breit
- passendes Nähgarn

Zuschnitt

Schnittteile in Schwarz auf Bogen A.
1 cm breite Nahtzugaben sind in den Schnittteilen und der Maßangabe bereits enthalten.

- 1x Mützenteller
- 1x Mützenring
- 1x Mützenstreifen à 58 x 10 cm

Tipps

Der Mützenstreifen kann auch mit Fleece gefüttert werden. Hierzu je einen Streifen à 58 x 6 cm aus Walk und Fleece zuschneiden, rechts auf rechts zusammenlegen und an einer Längsseite zusammennähen. Dann die Schmalseiten rechts auf rechts zusammennähen, Nahtzugaben auseinanderbügeln, Streifen auf rechts wenden und an den Mützenring nähen. Anstelle der Biese können auch Perlen, Blumen oder andere Dekorationselemente aufgenäht werden.

So geht's

Fertigen Sie zuerst eine Schablone für die Spirale auf dem Mützenteller. Schneiden Sie hierfür einen schmalen Schlitz entlang der spiralförmigen Linie in Ihren Schnitt. Legen Sie nun die Schablone auf die rechte Stoffseite des Mützentellers und zeichnen Sie mit Kreide die Biese auf. Falten Sie den Stoff entlang der Linie und fixieren den Bruch mit Stecknadeln. Steppen Sie die Biese sehr schmal ab und vernähen Sie die Fäden am Biesenende in der Mützenmitte.

Schließen Sie jetzt den Mützenring zum Kreis. Legen Sie hierfür den Ring rechts auf rechts zur Hälfte und nähen die Schmalseiten zusammen. Legen oder bügeln Sie die Nahtzugaben auseinander. Danach legen Sie diesen Kreis rechts auf rechts auf den Baskenmützenteller. Stecken und steppen Sie die beiden Mützenteile an der äußeren Kreiskante zusammen.

Bügeln Sie den Mützenstreifen leicht links auf links zur Hälfte, sodass die Längsseiten aufeinanderliegen. Falten Sie den Streifen wieder auseinander und legen die Schmalseiten rechts auf rechts zusammen. Stecken und nähen Sie die Schmalseiten aufeinander, die Nahtzugaben legen oder bügeln Sie wieder auseinander. Falten Sie den entstandenen Ring entlang des eingebügelten Bruchs zur Hälfte, die rechte Stoffseite ist hierbei außen. Teilen Sie den Ring in 4 gleichgroße Abschnitte ein und markieren diese mit Stecknadeln oder kleinen (!) Einschnitten in die Nahtzugaben. Den gefalteten Mützenstreifen stecken Sie nun rechts auf rechts und unter Beachtung der Ansatzpunkte an den Baskenmützenring. Legen Sie die Teile so unter die Nähmaschine, dass der Mützenstreifen oben liegt: So lässt sich die Mehrweite des Mützenrings leichter gleichmäßig zwischen den jeweiligen Ansatzpunkten verteilen. Steppen Sie Streifen und Ring zusammen.

Ganz Ihre Kragenweite

Schalkragen · Kragenweite 39 cm · Aufwand ● ● ●

Der Kragen ist der Halskrause des spanischen Barocks nachempfunden und passt auch sehr gut zu einem einfachen Rundhals- oder Rollkragenpullover.

Material

- 20 cm Walk, 120 cm breit
- passendes Nähgarn
- 120 cm Samtband, ca. 1 cm breit
- 80 cm Tüllrüsche oder Spitzenborte, ca. 4 cm breit

Zuschnitt

Bei diesem Schnitt ist keine Nahtzugabe nötig.

- 1x Rechteck aus Walk à 13 cm x 69 cm
- 1x Streifen aus Walk à 2 cm x 120 cm
- 2x Tüllrüsche/Spitzenborte à 39 cm

Tipp

Durch eine andere Faltentiefe können Sie die Kragenweite Ihrer Größe anpassen.

So geht's

Zunächst stecken Sie das Samtband der Länge nach mittig auf die rechte Seite des schmalen Walkstreifens. Nähen Sie anschließend mit einem schmalen Zickzackstich am rechten und linken Bandrand entlang.

Legen Sie das Walkrechteck in regelmäßige Falten, die quer zu den Längskanten verlaufen. Das Rechteck wird dadurch auf eine Länge von 39 cm gekürzt. Die Falten weisen je eine Tiefe von ca. 1 cm auf, der Abstand zwischen den Falten beträgt ca. 2,5 cm.

Stecken Sie die Fältelungen fest, damit sie nicht wieder aufspringen. Nun legen Sie das schmale Samt-Walkband mittig links auf rechts auf den gefältelten Schalkragen. Legen Sie jeweils links und rechts die Tüllrüsche bzw. die Spitzenborte unter die Bänderkanten, sodass die Rüschen schön zur Geltung kommen. Fixieren Sie das Band und die Rüschen mit Stecknadeln und steppen dann das Band an beiden Kanten auf den Kragen.

Oder doch lieber anders?

- Es können auch Satin- oder Seidenbänder verwendet werden.
- Sie können die Bänder auch mit einem Gerad- oder Zierstich applizieren.
- Sie können den Stoffstreifen auch in Kellerfalten legen, also so legen, dass die Falten abwechselnd nach rechts und links zeigen. Das Band kann je nach Geschmack auf die nach innen bzw. nach außen gekehrten Falten aufgenäht werden.

Körperbetont

Wer sagt, dass Modelle aus Walk und Fleece nicht sexy sein können, hat diese Stulpen mit Miederschnürung noch nicht gesehen.

Material

- 30 x 65 cm Walk
- 80 cm Schlaufenband
- 2 m Chiffon-/Satinband
- 65 cm Rüschenspitze, ca. 4 cm breit
- 120 cm Rüschenspitze, ca. 1,5 cm breit
- passendes Nähgarn

Zuschnitt

Schnittteile in Schwarz auf Bogen B.

1 cm breite Nahtzugaben sind in den Schnittteilen und Maßangaben bereits enthalten.

- 4 x Mittelteil (2x 2 gegengleiche Teile)
- 4 x Seitenteil (2x 2 gegengleiche Teile)
- 4 x 20 cm Schlaufenband

So geht's

Stecken und nähen Sie jeweils 2 Mittelteile an der langen Kante (= Mitte) rechts auf rechts aufeinander. Legen Sie die Nahtzugaben auseinander und steppen Sie die Naht zu beiden Seiten von der Stoffoberseite aus schmal ab.

Nähen Sie jeweils wie eingezeichnet zwischen den Markierungen die Schlaufenbänder auf die Mittelteile; die Schlaufen zeigen dabei in Richtung Mitte und sollen so angenäht werden, dass nur die Schlaufen über die Nahtlinie hinausragen. Stecken Sie nun jeweils die beiden Seitenteile rechts auf rechts an die Mittelteile. Schließen Sie die Nähte und legen Sie die Nahtzugaben in Richtung Seitenteil. Steppen Sie diese von der rechten Stoffseite schmalkantig fest.

Als Nächstes stecken und nähen Sie die Seitenkanten rechts auf rechts bündig aufeinander. Legen Sie die Nahtzugaben auseinander und wenden Sie die Stulpen. Die vordere Stulpenkante dekorieren Sie nach Wunsch mit einer oder mehreren, unterschiedlich breiten Spitzenrüschen. Die Rüschen fixieren Sie mit Stecknadeln unter der Stoffkante und nähen sie von der Oberseite aus mit einem elastischen Stich oder einem schmalen Zickzackstich fest.

Die Verzierung an der unteren Kante arbeiten Sie in gleicher Weise mit einer schmalen Rüsche.

Zum Schluss fädeln Sie noch das Chiffonband wie eine Schuhschnürung durch die Schlaufen und verbinden die Enden mit einer schönen Schleife.

Oder doch lieber anders?

Anstelle der Rüschenspitze können Sie auch Spitzenborten oder selbst hergestellte Rüschenbänder verwenden.

Romantik pur

Hier ein Modell mit feiner Spitze und verspielten Satinröschen. Die Rundung in der Mitte des Handrückens unterstreicht die liebliche Art dieser Stulpen.

Material

• 30 x 60 cm Walk
• ca. 50 cm elastische Spitzenborte, ca. 12 cm breit
• 6 Satinröschen
• passendes Nähgarn
• Nähnadel

Zuschnitt

Schnittteil in Schwarz auf Bogen A.

1 cm breite Nahtzugaben sind im Schnittteil und der Maßangabe bereits enthalten.

• 2 x Stulpe im Stoffbruch
• 2 x 25 cm Spitzenborte

So geht's

Stecken Sie die Spitzenborten jeweils links auf rechts an der Ansatzlinie auf die Stulpenteile.

Nähen Sie sowohl die obere als auch die untere Spitzenkante entsprechend des Musters mit einem kleinen Zickzackstich möglichst unauffällig auf den Walk.

Legen Sie die Stulpen jeweils rechts auf rechts der Länge nach zur Hälfte, stecken und nähen Sie die Seitenkanten aufeinander. Legen Sie die Nahtzugaben auseinander und wenden die Stulpen. Säumen Sie die offenen Kanten, indem Sie den Stoff jeweils 1 cm breit nach innen umschlagen, stecken und füßchenbreit absteppen.

Zum Schluss nähen Sie noch die Satinröschen mit ein paar Handstichen auf den geschwungenen Stulpenrücken.

Schön umspielt

Hüftschmeichler · Größe S/M/L · Schnittteil in Schwarz auf Bogen B · Aufwand ● ● ●

Aus schön fallenden Stoffen und mit einem längsgerichteten Muster kaschiert er vorteilhaft die Partie unterhalb der Taille.

Material

- 60 x 125 cm Walk
- ca. 2,7 m elastische Rüschenspitze, ca. 15 mm breit
- Wollgarn
- Effektgarn
- 2 Knebelknöpfe, ca. 3 x 1 cm groß
- passendes Nähgarn

Zuschnitt

Schnittteil in Schwarz auf Bogen B.
Beim Hüftschmeichler werden keine Nahtzugaben benötigt.

- 1 x Hüftschmeichler im Stoffbruch

Tipps

- Sollten Sie für Ihre Nähmaschine einen transparenten Applikationsfuß oder – noch besser – einen Bändchenannähfuß besitzen, so sollten Sie diesen verwenden.
- Sie können die Wollgarne auch mit einer Trockenfilznadel vor dem Applizieren leicht auffilzen.
- Auch mit temporärem Sprühkleber kann man die Garne auf dem Stoff fixieren. Der Kleber muss jedoch immer vorsichtig und sparsam (!) verwendet werden, da er sonst auch Nadel und Maschine verkleben kann.

So geht's

Stecken und nähen Sie zunächst die beiden Abnäher auf der linken Stoffseite ab. Nun legen Sie sich den Hüftschmeichler mit der rechten Seite nach oben vor sich auf den Tisch.

Legen Sie das Wollgarn nach Wunsch oder wie auf dem Modellbild zu sehen auf den Hüftschmeichler. Fixieren Sie Ihr Muster mit Stecknadeln und steppen Sie die Garne mit einem kleinen Zickzack- oder Zierstich fest.

Arbeiten Sie mit dem Effektgarn ein Muster in der gleichen Weise.

Im nächsten Schritt stecken Sie die elastische Rüschenspitze rechts auf links unter die Stoffkanten des Hüftschmeichlers und nähen diese ebenfalls mit einem schmalen Zickzackstich fest. An der oberen Kante können Sie die Spitze auch leicht gedehnt annähen, damit der Hüftschmeichler besser sitzt.

Für die Wickelschließe fertigen Sie aus Ihrer Wolle eine ca. 60 cm lange Schnur aus Luftmaschen oder drehen sich eine Kordel in dieser Länge.

Nähen Sie den 1. Knopf an die im Schnitt eingezeichnete Stelle. Unter dem Knopf nähen Sie dabei Ihre selbstgefertigte Kordel an. Legen Sie sich den Hüftschmeichler um, sodass die Spitze mit Knopf oben liegt und markieren die Stelle, an der die Spitze endet. Nähen Sie den 2. Knopf an der Markierung an. Wickeln Sie beim Schließen Ihres Hüftschmeichlers die Kordel in einer Acht um die Knöpfe und lassen das Ende locker hängen.

Wollige Schnörkel

Stulpen mit Garnverzierungen · Handschuhgröße 7 – 8,5 · Aufwand ● ●

Gestalten Sie die Stoffoberfläche mit einer Art Crazy Wool-Technik selber. So können Sie sicher sein, dass Sie definitiv ein Unikat kreiert haben.

Material

• 25 x 45 cm Walk

• farblich passende bzw. kontrastierende Woll- oder Effektgarne

• passendes Nähgarn

Zuschnitt

1 cm breite Nahtzugaben sind in der Maßangabe enthalten.

• 2 Rechtecke à 21 x 20 cm

Tipps

• Sollten Sie einen Bändchenaufnähfuß als Sonderzubehör Ihrer Nähmaschine besitzen, dann können Sie sich hiermit die Arbeit erleichtern. Auch ein transparenter Applikationsfuß ist eine gute Hilfe.

• Sie können die Wollgarne auch mit einer Trockenfilznadel kurz auffilzen, dann verrutschen sie nicht so schnell beim Annähen.

• Mit temporärem Sprühkleber kann man die Garne ebenfalls auf dem Stoff fixieren. Der Kleber muss jedoch immer vorsichtig und sparsam (!) verwendet werden, da er sonst auch Nadel und Maschine verkleben kann.

So geht's

Legen Sie die Rechtecke mit der rechten Stoffseite nach oben flach auf den Tisch. Legen Sie nun mit den Wollgarnen und den Effektgarnen Ihr Wunschmuster auf die Stulpen und fixieren dies mit ein paar Stecknadeln. Applizieren Sie die Garne mit einem kleinen Zickzack- oder Zierstich Ihrer Wahl auf dem Walk.

Als Nächstes legen Sie die Stulpen der Länge nach rechts auf rechts zusammen. Stecken und steppen Sie jeweils die langen Kanten zusammen. Wenden Sie die Stulpen und legen Sie die Nahtzugaben auseinander.

Jetzt können Sie die obere und untere Stoffkante der Stulpen säumen. Hierfür schlagen Sie die Stoffkanten jeweils 1 cm breit nach innen um. Fixieren Sie die Säume mit ein paar Stecknadeln und steppen sie füßchenbreit ab.

Schön geknöpft

Dieses Modell besticht durch seine schlichte Eleganz. Die Kombination aus edlen Stoffen und auffälligen Knöpfen verleiht diesem Schal das gewisse Etwas.

Material

- 30 x 80 cm Walk
- 30 x 80 cm Fleece
- max. 40 cm Zierkordel
- 2 große Knöpfe, Ø ca. 3 cm
- passendes Nähgarn
- Nähnadel
- eventuell Zackenschere

Zuschnitt

Schnittteil in Grau auf Bogen A.

1 cm breite Nahtzugaben sind im Schnittteil bereits enthalten.

- 1x Halsschmeichler im Stoffbruch in Walk
- 1x Halsschmeichler im Stoffbruch in Fleece
- 2 Stücke Kordel (= Knopfumfang + 4 cm)

So geht's

Legen Sie die beiden Kordelschlaufen wie im Schnittmuster angezeichnet auf die rechte Seite des Fleecestoffs. Nähen Sie die Schlaufen auf der Nahtzugabe gut fest.

Als Nächstes legen Sie den Walk rechts auf rechts auf den Fleece und stecken die Kanten aufeinander. Nähen Sie bis auf ein Wendeloch von ca. 10 cm mit einem schmalen Zickzackstich rundum alle Kanten zusammen. Schneiden Sie die Nahtzugaben an den Rundungen mit einer Zackenschere zurück oder mit einer Schere bis kurz vor die Naht in kleinen Abständen ein. Danach wenden Sie den Schal durch die Öffnung und schließen die Wendeöffnung von Hand. Damit der Schal beim Tragen seine Form behält, steppen Sie die Kante füßchenbreit ab. Zum Schluss nähen Sie die Knöpfe an den eingezeichneten Stellen an.

Oder doch lieber anders?

Sie können auch metallische Schmuckschließen, Knebelknöpfe oder Posamentenschließen verwenden.

Pfiffig geknickt

Tütenmütze · Kopfumfang 54 – 56 cm · Schnittteil in Schwarz auf Bogen A · Aufwand ● ●

Hier wird eines der einfachsten und ursprünglichen Mützenmodelle neu interpretiert – schlicht und dennoch mit Pfiff.

Material

- 35 x 65 cm Walk
- 10 x 60 cm Fleece (falls gewünscht)
- 60 cm elastisches Samtband, ca. 15 mm breit
- Knöpfe zur Dekoration des Bandes
- 1 Schmuckanhänger
- passendes Nähgarn
- Nähnadel

Zuschnitt

Schnittteil in Schwarz auf Bogen A.

1 cm breite Nahtzugaben sind im Schnittteil und der Maßangabe bereits enthalten.

- 1x Mützenteil à 58 x 31 cm
- 1x Fleecestreifen à 7 x 56 cm (nach Wunsch)

Tipp

Anstelle der Dekorknöpfe und des Schmuckanhängers können Sie auch Bommel, Quasten, Walkblumen oder andere Dekoelemente auf den Umschlag nähen.
Durch seine Schlichtheit ist dieses Modell hervorragend für sehr üppige und witzige Verzierungen geeignet.

So geht's

Schneiden Sie die Nahtzugaben an den Seitenkanten wie im Schnittteil einge-zeichnet 1 cm weit ein. Für einen angenehmeren Tragekomfort können Sie nun den Fleecestreifen wie eingezeichnet unsichtbar von Hand einnähen.

Im nächsten Schritt nähen Sie das elastische Samtband mit einem schmalen Zickzackstich und etwa 1,5 cm Abstand von der unteren Kante ebenfalls auf die linke Stoffseite des Umschlags, siehe Schnitt.

Nun falten Sie den Stoff entlang der Bruchkante rechts auf rechts. Stecken und nähen Sie die obere Kante und die Seitenkante bis zum Einschnitt. Schneiden Sie die Nahtzugaben an den beiden Ecken stark zurück und wenden Sie die Mütze.

Den Umschlag stecken Sie an dem noch offenen Teil der Seitenkante links auf links und steppen dieses kurze Stück zusammen. Legen Sie die Nahtzugaben auseinander und schlagen Sie den Umschlag ca. 4,5 cm nach oben um. Fixieren Sie anschließend den Umschlag unsichtbar mit ein paar Stichen von Hand.

Jetzt schieben Sie die obere Ecke (★, siehe Schnittteil) in die Mütze ein und nähen diese von innen mit der Hand am Annähpunkt ★ fest. Die zweite obere Ecke (◆, siehe Schnittteil) nähen Sie von außen an den Annähpunkt ◆. An diesen Punkt nähen Sie auch den Schmuckanhänger.

Zum Schluss dekorieren Sie die Mütze nach Ihrem Geschmack mit Knöpfen auf dem Samtband.

Auf die Spitze getrieben

Zwiebelmütze · Kopfumfang 54 – 56 cm · Schnittteile in Schwarz auf Bogen A · Aufwand ● ● ●

Diese Mütze wirkt durch Ihre nach außen gearbeiteten Nähte flott und extravagant. Mit einer selbst hergestellten Blüte erhält sie außerdem eine individuelle Note.

Material

- 25 x 105 cm Doubleface-Jacquardwalk
- passendes Nähgarn

Zuschnitt

Schnittteile in Schwarz auf Bogen A.
0,75 cm breite Nahtzugaben sind im Schnittteil bereits enthalten.

- 6x Mützenteil
- 1x große Blüte
- 1x mittlere Blüte
- 1x kleine Blüte

So geht's

Stecken und nähen Sie nacheinander alle Mützenteile an den langen, seitlichen Kanten rechts auf links füßchenbreit (= 0,75 cm breit) aufeinander. Nähen Sie dabei an der oberen Spitze nicht bis zur Stoffkante, sondern jeweils nur bis zur Spitze der gestrichelten Linie im Schnitt. Für eine interessantere Optik achten Sie bitte darauf, dass sich immer die rechten mit den linken Stoffseiten abwechseln, sodass insgesamt 3x die rechte und 3x die linke Seite von außen zu sehen ist. Die Nähte liegen bei diesem Modell außen. Die Nahtzugaben der einzelnen Mützenteile schneiden Sie jeweils bis auf ca. 3 mm zurück.

Nun schlagen Sie die untere Mützenkante 2 cm breit nach oben um. Stecken und nähen Sie den Umschlag fest. Schneiden Sie die Nahtzugabe wieder bis auf ca. 3 mm zurück.

Für den besonderen Pfiff arbeiten Sie nun eine Walkblume entsprechend der Anleitung auf Seite 61.

Stecken Sie die Blume oberhalb des Saums eines Seitenteiles fest und nähen sie mit ein paar Handstichen an.

Oder doch lieber anders?

- Alle Mützenteile können auch links auf links bzw. rechts auf rechts zusammengenäht werden.
- Sie können die Nähte auch nach innen arbeiten.
- Die Nahtzugaben können Sie auch mit einer Zackenschere oder einem Wellenschliff-Rollschneider zurückschneiden.

Der Klassiker

Damit liegen Sie immer richtig. Durch das Daumenloch wird auch der Handrücken warm umhüllt. Gleichzeitig bietet es Bewegungsfreiheit für den Daumen.

Material

• 25 x 45 cm Walk

• passendes Nähgarn

Zuschnitt

1 cm breite Nahtzugaben sind in der Maßangabe bereits enthalten.

• 2 Rechtecke à 21 x 20 cm

Linkes Teil

(rechtes Teil spiegelverkehrt arbeiten)

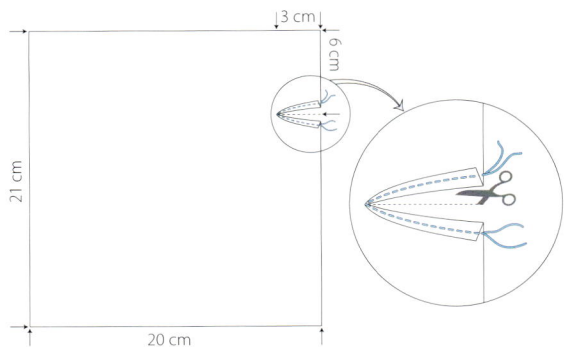

So geht's

Bei diesem Modell arbeiten Sie am besten die linke und die rechte Stulpe parallel. Legen Sie sich hierfür die zugeschnittenen Stulpenteile nebeneinander und mit der linken Stoffseite nach oben vor sich auf den Tisch. Die kurzen Kanten (20 cm) liegen parallel zur Tischkante direkt vor Ihnen.

Für das Daumenloch schneiden Sie im Abstand von 6 cm zur oberen Kante einen 3 cm tiefen Einschnitt: im linken Teil an der rechten Stoffkante und im rechten Teil an der linken Stoffkante.

Die Stoffkanten des Einschnitts werden nun ein wenig (max. 5mm) links auf links umgeschlagen und schmal abgesteppt. Dadurch entsteht eine kleine schlanke dreieckige Lücke für den Daumen.

Legen Sie nun die Seitenkanten jeweils rechts auf rechts zusammen und stecken und steppen die Naht. Im Bereich des Daumenlochs nähen Sie dabei nur über eine Stofflage. Legen Sie anschließend die Nahtzugaben auseinander.

Zum Schluss schlagen Sie noch die oberen und unteren Kanten jeweils 1 cm breit nach links um und steppen sie von rechts füßchenbreit ab.

Oder doch lieber anders?

Die Stulpen können natürlich auch als sehr einfaches Modell ohne Daumenloch gearbeitet werden.

Wind- und wetterfest

Kapuzenschal · Einheitsgröße · Schnittteile in Schwarz auf Bogen B · Aufwand ● ●

Der spitz zulaufende Schal kann sowohl offen drapiert als auch mit großen Knöpfen im Nacken geschlossen werden.

Material

- 55 cm Walk, 140 cm breit
- 55 cm Fleece, 140 cm breit
- passendes Nähgarn für Walk und Fleece
- 10 cm Hutgummi
- 2 Knöpfe, ca. 3,5cm Ø
- eventuell Zackenschere

Zuschnitt

Schnittteil in Schwarz auf Bogen B.

1 cm breite Nahtzugaben sind im Schnittteil bereits enthalten.

- 2 x Kapuzenschal aus Walk (2 gegengleiche Teile)
- 2 x Kapuzenschal aus Fleece (2 gegengleiche Teile)

So geht's

Stecken und nähen Sie zunächst jeweils die beiden Walk- und Fleeceteile an der hinteren Mitte rechts auf rechts passgenau aufeinander. Legen Sie die Nahtzugaben auseinander und steppen Sie diese von der Vorderseite aus füßchenbreit zu beiden Seiten der Naht fest. Nähen Sie das Hutgummi auf der rechten Stoffseite an eine Spitze des Walkschals, siehe Schnitt.

Als Nächstes legen Sie die beiden eben zusammengesetzten Stoffteile rechts auf rechts aufeinander. Achten Sie darauf, dass die Nähte exakt aufeinandertreffen. Stecken Sie nun die offenen Kanten ringsum zusammen. Nähen Sie die beiden Kapuzenschals bis auf ein Wendeloch von ca. 15 cm an der unteren Schalkante zusammen. Schneiden Sie die Nahtzugaben an den Rundungen und den Ecken mit einer Zackenschere zurück oder mit einer Schere in kurzen Abständen bis kurz vor die Nahtzugabe ein. Jetzt wenden Sie alles durch die Öffnung und schließen das Wendeloch mit einem Staffierstich, siehe Seite 59. Steppen Sie die verstürzten Kanten füßchenbreit ab. Zum Schluss nähen Sie noch die Knöpfe an die Schalenden, siehe Kreuz im Schnitt.

Schneeflöckchen, Weißröckchen

Schal · Größe 25 x 130 cm · Schablonen in Schwarz auf Bogen A · Aufwand ● ● ●

... wann kommst Du geschneit? Durch die Schneekristalle verwandelt sich der Schal in ein bezauberndes Wintermärchen.

Material

- 30 cm Fleece in Hellblau, 140 cm breit
- 15 x 80 cm Fleece in Weiß
- Nähgarn in Weiß und Hellblau
- Hand- oder Maschinenstickgarn in Hellblau
- Textilsprühkleber oder Stylefix
- eventuell Nähnadel

Zuschnitt

Schablone und Schneeflocke in Schwarz auf Bogen A.

Bei diesem Schnitt ist keine Nahtzugabe erforderlich.

- Schal aus Fleece à 25 x 130 cm, dabei die Schalenden mithilfe der Schablone vom Vorlagebogen zurechtschneiden
- 6 Schneeflocken in Weiß

So geht's

Zu Beginn nähen Sie den Rand des Schals mit dem Stickgarn und einem Zierstich schmalkantig ab oder umnähen die Kanten von Hand mit einem Festonstich, siehe Seite 59.

Im nächsten Schritt ordnen Sie jeweils 3 Schneeflocken dekorativ auf den beiden Schalenden an.

Um das Applizieren zu vereinfachen, fixieren Sie die linke Stoffseite der Schneeflocken mit Textilsprühkleber oder dem Stylefix-Band auf der rechten Stoffseite des Schals. Nähen Sie die Schneeflocken mit einem Geradstich sternförmig in der Mitte der Stege der einzelnen Kristallausläufer auf. Am besten verwenden Sie hierzu einen weißen Ober- und einen hellblauen Unterfaden.

Glitzer & Glamour

Das sportliche und funktionelle Halstuch bietet optimalen Wetterschutz. Auf der Vorderseite finden zudem noch fantasievolle Muster Platz.

Material

- 20 x 55 cm Fleece
- 2 Rollen passendes Nähgarn
- Zwillingsnadel
- aufbügelbare Strasssteine mit Transferfolie oder fertige Strassmotive zum Aufbügeln

Zuschnitt

Schnittteil und Motivvorlage in Schwarz auf Bogen A. 0,75 cm breite Nahtzugaben sind im Schnittteil bereits enthalten.

- 1x Halstuch im Stoffbruch

Tipp

Um ein Verschmelzen der Fleecefasern zu verhindern, können Sie noch eine Lage Backpapier zwischen Bügeleisen, Küchentuch und Transferfolie legen.

So geht's

Legen Sie die Motivvorlage unter die Transferfolie und kleben Sie die Strasssteine mit der Glasseite auf die Folie, siehe Seite 60. Beachten Sie hierbei bitte auch die Anleitung des jeweiligen Folienherstellers. Platzieren Sie nun das Strassmotiv mittig und mindestens 4 cm von der oberen Stoffkante entfernt auf der rechten Stoffseite. Legen Sie ein Küchentuch über die Folie und bügeln das Motiv auf. Lassen Sie das Motiv anschließend auskühlen.

Als Nächstes stecken und nähen Sie das Halstuch in der hinteren Mitte rechts auf rechts mit einem schmalen Zickzackstich füßchenbreit zusammen. Wenden Sie das Halstuch und legen Sie die Nahtzugaben auseinander.

Schlagen Sie die obere und untere Stoffkante jeweils 1,5 cm nach innen ein. Stecken Sie die Säume fest und verwenden Sie eine breite Zwillingsnadel, um die Umschläge festzunähen.

Oder doch lieber anders?

- Sie können auch ein eigenes Strassmotiv kreieren.
- Verwenden Sie fertige Strassmotive zum Aufbügeln. Applizieren Sie diese bitte entsprechend der mitgelieferten Anleitung.

Geschickt kaschiert

Cacheur · Größe S/M/L · Schnittteile in Rot auf Bogen B · Aufwand ● ●

Dieser Cacheur ist einem klassischen Minirock nachempfunden. Er ist ein richtiger Blickfang und kann sehr gut über engen Hosen getragen werden.

Material

- 55 cm Strickwalk, 150 cm breit
- 130 cm Woll-Einfassband, ca. 35 mm breit
- 2 Rockschließen
- passendes Nähgarn
- Nähnadel

Zuschnitt

Schnittteile in Rot auf Bogen B.

1 cm breite Nahtzugaben sind in den Schnittteilen bereits enthalten.

- 1 x Rückenteil im Stoffbruch
- 2 x Vorderteil

So geht's

Stecken und nähen Sie zunächst die beiden Abnäher im Rückenteil auf der linken Stoffseite ab.

Stecken Sie dann die Seitenkanten des linken Vorderteils und des Rückenteils rechts auf rechts aufeinander. Steppen Sie die beiden Teile zusammen und schneiden die Nahtzugabe des Rückenteils auf ca. 4 mm zurück. Legen Sie nun die breitere Nahtzugabe darüber und steppen Sie diese von der Vorderseite füßchenbreit ab. Dann nähen Sie das rechte Vorderteil entsprechend rechts auf rechts auf das Rückenteil.

Als Nächstes werden die Saumecken genäht. Falten Sie dazu die Ecken jeweils entlang der eingezeichneten Faltlinie, sodass ★ auf ★ trifft und steppen die kurze Kante 1 cm breit ab. Schneiden Sie die Nahtzugaben an der Spitze zurück und wenden die Ecke. Schlagen Sie jetzt die untere und die vorderen Kanten jeweils 2 cm breit links auf links ein, fixieren den Umschlag mit Stecknadeln und steppen den Saum fest.

Nun wird die obere Cacheurkante mit dem Wollband eingefasst. Am besten fixieren Sie das Einfassband mit Stecknadeln an der Kante, um ein Ausdehnen des Stoffes beim Nähen zu verhindern. Nähen Sie das Band mit einem schmalen Zickzackstich an.

Zum Schluss nähen Sie die beiden Rockschließen unsichtbar an die vorderen Cacheurteile. Am besten probieren Sie hierzu Ihren Cacheur an und bestimmen am Spiegel die für Ihre Figur beste Position der Schließen.

Einfach, praktisch, warm

Sportliches Stirnband   ·   Kopfumfang 54 – 56 cm   ·   Schnittteile in Schwarz auf Bogen A   ·   Aufwand ●

Dieses Modell ist schnell genäht und ein sehr guter Begleiter bei sportlichen Aktivitäten. Auch für Herren ist es ein tolles Accessoire.

Material

• 65 x 20 cm Fleece oder Softshell
• 120 cm elastisches Einfassband, ca. 20 mm breit

Zuschnitt

Schnittteil in Schwarz auf Bogen A.

1 cm breite Nahtzugaben sind im Schnittteil bereits enthalten.

• 1x Stirnband im Stoffbruch

Tipp

Nähen Sie das Stirnband aus einem zweifarbigen Doubleface-Fleece und Sie können je nach Ihrer Garderobe immer die passende Farbe wählen.

So geht's

Stecken und nähen Sie die Schmalseiten des Stirnbands rechts auf rechts zusammen. Drücken oder bügeln Sie die Nahtzugaben leicht auseinander und steppen Sie diese von der Vorderseite zu beiden Seiten der Naht füßchenbreit ab.

Legen Sie das Einfassband um die untere Kante und steppen es mit einem schmalen Zickzackstich fest, damit die Naht elastisch bleibt. Dehnen Sie beim Annähen das Einfassband ein wenig, damit das Stirnband beim Tragen gut am Kopf und vor allem glatt an den Ohren anliegt. Fassen Sie die obere Kante des Stirnbandes ebenfalls unter leichter Dehnung mit dem Einfassband ein.

Oder doch lieber anders?

Anstelle eines Zickzackstiches können Sie zur Einfassung der Stirnbandkanten auch einen elastischen Zierstich wie beispielsweise den Wellen- oder Wabenstich verwenden.

Eine runde Sache

Bommelmütze • Kopfumfang 54 – 56 cm • Schnittteil in Schwarz auf Bogen A • Aufwand ● ●

Ein richtiger Klassiker für Jung und Alt – nicht nur alltagstauglich, sondern auch für den Wintersport geeignet.

Material

- 40 cm Walk, 140 cm breit
- 15 x 60 cm Fleece
- passendes Nähgarn
- Nähnadel
- 3 Bommel, Durchmesser ca. 4,5 cm
  (oder 3 selbstgemachte Bommel, siehe Seite 61)
- eventuell Zackenschere

Zuschnitt

Schnittteil in Schwarz auf Bogen A.
1 cm breite Nahtzugaben sind im Schnittteil
und der Maßangabe enthalten.
- 1x Mützenteil à 57 x 17 cm in Walk
- 1x Stirnband in Walk im Stoffbruch
- 1x Stirnband in Fleece im Stoffbruch

Tipps

- Anstelle der 3 Bommel können Sie auch einen großen Pompon oder Quasten annähen. Auf der Skipiste sind kleine Glöckchen auch immer wieder ein witziges Detail.
- Für den sportlichen Einsatz kann die Mütze auch komplett aus Fleece oder Softshell genäht werden.

So geht's

Stecken und nähen Sie die Schmalseiten der Stirnbänder jeweils rechts auf rechts zusammen. Drücken oder bügeln Sie die Nahtzugaben leicht auseinander. Als Nächstes legen Sie die Stirnbänder rechts auf rechts ineinander, sodass die Nähte in der hinteren Mitte aufeinandertreffen. Stecken und nähen Sie die beiden Teile an der unteren Stirnbandkante zusammen. Schneiden Sie dann die Nahtzugaben an den Rundungen mit einer Zackenschere zurück – das geht am schnellsten – oder schneiden Sie die Nahtzugaben mit einer Schere in kurzen Abständen ein. Wenden Sie die Stirnbänder und steppen Sie die verstürzte Kante füßchenbreit ab.

Im nächsten Schritt arbeiten Sie das Mützenteil. Hierfür stecken Sie das Rechteck mit den Schmalseiten (= hintere Mitte) rechts auf rechts zusammen und schließen die Naht. Legen Sie die Nahtzugaben wieder auseinander. Jetzt wird die offene Kante des Stirnbands mit der rechten Walkseite auf die rechte Walkseite des Mützenteiles gesteckt. Die Nähte der hinteren Mitte liegen dabei aufeinander. Nähen Sie beide Teile zusammen.

Die letzten Schritte werden von Hand gearbeitet. Fädeln Sie etwas Nähgarn doppelt in eine Nähnadel und nähen Sie im Vorstich an der oberen Mützenkante entlang, siehe Seite 59. Lassen Sie sowohl am Anfang als auch am Ende einige Zentimeter Garn überstehen. Diese beiden Enden ziehen Sie nun zusammen, sodass die Mützenöffnung fast vollständig geschlossen ist. Verknoten Sie die beiden Garnenden und vernähen Sie diese im Mützeninneren. Um das kleine Mützenloch werden nun die 3 Bommel festgenäht.

Endlosschleife

Loop · Einheitsgröße · Aufwand ●

Der lange Schlauchschal kann wie eine Schleife um den Hals gelegt werden. Durch die Wicklung kommen die unterschiedlichen Stoffdesigns sehr gut zur Geltung.

Material

für einen Loop aus 4 Streifen:

• je 40 x 135 cm Fleece in 2 verschiedenen Farben/Designs

• passendes Nähgarn

• Nähnadel

Zuschnitt

0,75 cm breite Nahtzugaben sind in der Maßangabe bereits enthalten.

• je 2 Streifen à 17 x 130 cm aus beiden Stoffen

So geht's

Stecken Sie die einzelnen Stoffstreifen an den Längsseiten rechts auf rechts zusammen und nähen Sie die Teile mit einem schmalen Zickzackstich füßchenbreit zusammen, sodass sich die Designs/Farben von Streifen zu Streifen abwechseln.

Falten Sie das entstandene Rechteck rechts auf rechts so in der Mitte, dass die beiden langen Außenkanten aufeinanderliegen. Stecken Sie nun die Außenkanten und nähen Sie diese ebenfalls füßchenbreit zusammen – es entsteht ein langer, schmaler Schlauch.

Als Nächstes greifen Sie nun von einer Seite durch diesen Schlauch und ziehen das Ende durch den Schlauch durch, bis beide offenen Stoffkanten aufeinanderliegen. Achten Sie dabei darauf, dass jeweils Anfang und Ende derselben Naht exakt aufeinanderliegen. Steppen Sie nun die Schlauchenden füßchenbreit bis auf eine Wendeöffnung von ca. 8 cm zusammen.

Wenden Sie den Loop durch die Öffnung.

Zum Schluss nähen Sie das Wendeloch von Hand mit Staffierstichen zu, siehe Seite 59.

Oder doch lieber anders?

• Loop aus 4 verschiedenen Stoffen: 4 Streifen à 17 x 130 cm

• Loop aus 3 Streifen: 3 verschiedene Fleecestoffe à 22 x 130 cm

• Loop aus 2 Streifen: 2 verschiedene Fleecestoffe à 32 x 130 cm

Gut behütet

Mütze mit Ohrenklappen · Kopfumfang 54 – 56 cm · Schnittteile in Schwarz auf Bogen B · Aufwand ● ●

Hier nun ein markantes Modell, das am besten für Menschen mit einer eher runden Gesichtsform geeignet ist.

Material

- 25 x 90 cm Walk
- 25 x 90 cm Fleece
- passendes Nähgarn für Walk und Fleece
- eventuell Zackenschere

Zuschnitt

Schnittteile in Schwarz auf Bogen B.
0,75 cm breite Nahtzugaben sind in den Schnittteilen bereits enthalten.

- Je 1x Seitenteil im Stoffbruch aus Walk und Fleece
- Je 1x Kopfteil aus Walk und Fleece

Tipp

Wenn Sie das Modell verstürzt arbeiten, erhalten Sie eine Wendemütze.

So geht's

Markieren Sie sich die Ansatzpunkte der Schnittteile in den zugeschnittenen Mützenteilen mit Stecknadeln oder kleinen (!) Einschnitten in die Nahtzugaben. Stecken und nähen Sie das Seitenteil aus Walk füßchenbreit (= 0,75 cm) links auf links an der hinteren Mitte zusammen. Wer mag, schneidet die Nahtzugaben mit der Zackenschere bis auf 2 mm zurück. Passen Sie das Kopfteil entsprechend der Ansatzpunkte in das Seitenteil links auf links ein. Die Nähte liegen bei diesem Modell außen. Verteilen Sie hierbei die leichte Mehrweite des runden Kopfteils gleichmäßig zwischen den 4 Ansatzpunkten. Nähen Sie die Naht wieder füßchenbreit.

Arbeiten Sie jetzt die Mütze aus Fleece wie oben beschrieben. Legen Sie jedoch die Stoffteile immer rechts auf rechts aufeinander, damit die Nähte innen liegen. Für einen angenehmeren Tragekomfort legen Sie dabei die Nahtzugaben an der hinteren Mitte auseinander.

Nun schieben und stecken Sie die beiden Mützen links auf links ineinander, sodass die Nähte der hinteren Mitte und die Ecken der Ohrenklappen aufeinandertreffen. Steppen Sie die untere Mützenkante füßchenbreit ab.

Für eine interessante Optik schneiden Sie die sichtbaren Nahtzugaben aller Nähte mit der Zackenschere bis auf ca. 2 mm an die Naht zurück.

Oder doch lieber anders?

Anstelle der Zackenschere können Sie auch einen Wellenschliff-Rollschneider verwenden. Die zurückgeschnittene Nahtzugabe erhält damit eine spannendere und rundere Optik.

Wandelbar

Wendestulpen · Handschuhgröße 7 – 8,5 · Schnittteil in Schwarz auf Bogen B · Aufwand ● ●

Wendestulpen sind das Accessoire schlechthin. Es empfiehlt sich, für diese Stulpen feinere Walkqualitäten zu verwenden, damit die Stulpen nicht zu dick werden.

Material

- 30 x 60 cm Walk
- 30 x 60 cm Fleece oder Walk
- passendes Nähgarn
- Nähnadel

Zuschnitt

Schnittteil in Schwarz auf Bogen B.

1 cm breite Nahtzugaben sind im Schnittteil bereits enthalten.

- 2x Stulpe in Walk im Stoffbruch
- 2x Stulpe in Fleece oder Walk im Stoffbruch

Tipp

Sollten Sie an den Händen empfindlich sein, können Sie als Innenstoff auch Jersey, Interlock oder Nicky verwenden.

So geht's

Legen Sie für die 1. Stulpe je ein Teil des Außenstoffes passgenau auf ein Teil des Innenstoffes. Stecken Sie nun beide Teile an der vorderen und der hinteren Kante und nähen Sie die Stulpenkanten mit einem schmalen Zickzackstich zusammen. Schneiden Sie die Nahtzugabe an der Spitze zurück.

Öffnen Sie den entstandenen Schlauch und stecken Sie die offenen Kanten rechts auf rechts zusammen, sodass die Nähte aufeinandertreffen. Schließen Sie auch diese Naht mit einem schmalen Zickzackstich und lassen hierbei ein Wendeloch von ca. 8 cm in dem Stoffbereich offen, in dem ein späteres Zunähen von Hand nicht so sichtbar ist.

Wenden Sie die Stulpe, ziehen sie in Form und schließen das Loch von Hand mit Staffierstichen, siehe Seite 59.

Nähen Sie die 2. Stulpe in gleicher Weise.

Oder doch lieber anders?

Arbeiten Sie in die Spitze eine Schlaufe aus Hutgummi ein, die Sie über ihren Mittelfinger ziehen können – das gibt den Stulpen einen edleren Touch. Dazu die Schlaufe gleich zu Beginn auf die Mitte der vorderen Kante stecken, sodass die Schlaufe Richtung hintere Kante zeigt, und dann die vorderen Stulpenkanten aufeinandernähen.

Stoffe und Materialien

Walk

Genaugenommen ist Walk ein Schurwollstoff, der durch Walken verfilzt wird. In den letzten Jahren erlebt der Walk durch seine Materialeigenschaften und seine gestalterischen Möglichkeiten eine Renaissance in der Modebranche. Daher wird Walk mittlerweile auch aus verschiedenen Fasern hergestellt, die andere Texturen und Trageeigenschaften ermöglichen. Ein Walk aus reiner Wolle weist folgende Vorteile auf: Er ist relativ winddicht, wasserabweisend, hat einen sehr guten Wärmerückhalt, ist knitterarm und die Fasern regenerieren, d. h. „reinigen", sich selbst. Außerdem kann Wolle bis zu 40 % des Eigengewichts an Feuchtigkeit aufnehmen, ohne an Isolationsvermögen einzubüßen. Allerdings hat Walk die Eigenschaft, beim Waschen immer weiter zu verfilzen und damit einzulaufen.

Im Zuge der modischen Anforderungen an den Stoff werden mittlerweile auch synthetische Fasern oder Baumwollfasern beigemischt. Somit ändern sich die ursprünglichen Materialeigenschaften. Beispielsweise sind Walke aus Fasergemischen besser waschbar, kratzen durch den geringeren Wollanteil weniger, können aber eventuell auch schlechter die Wärme halten.

Walk ist ein sehr schönes und angenehmes Material und auch zum Nähen ideal geeignet, da er sich gut verarbeiten lässt und schnell zu Näherfolgen führt.

Fleece

Fleece ist die englische Bezeichnung für Faserpelz. Er wird aus synthetischen Fasern, meist Polyester und Polyamid, hergestellt. Mittlerweile werden auch Elasthan, Baumwolle, Wolle und spezielle Mikrofasern verwendet, um im Sportbereich speziellen Funktionalitäten gerecht zu werden. Im Outdoorbereich werden bei Fleecestoffen oft auch Laminate ein- bzw. aufgearbeitet, um beispielsweise Wind- oder Wasserdichte zu erzielen. Generell gibt es Fleece in unzähligen Farben, Mustern, Materialzusammensetzungen und Qualitäten. Qualitativ hochwertige Fleece zeichnen sich durch einen dichten Flor, hochwertige Mikrofasern mit intelligenter Faserstruktur, eine sogenannte Antipilling-Ausrüstung und gute Pflegeeigenschaften aus.

Die Vorteile von Fleece sind neben dem hohen Kuschelfaktor vor allem die Pflegeleichtigkeit, das hohe Wärmeisolationsvermögen im Verhältnis zum geringen Gewicht, die Atmungsaktivität, die wasserabweisende Oberfläche, die Unempfindlichkeit der Fasern gegenüber Schmutz sowie die schnelle Trocknungszeit. Mittlerweile sind sogar die Fasern recyclingfähig bzw. bereits aus recycelten Kunststoffen hergestellt. Auch für Allergiker ist dieser Stoff aufgrund seiner Eigenschaften besonders gut geeignet.

Als Nachteile sind die mögliche elektrostatische Aufladung und die Empfindlichkeit gegen Hitze, Funken und Feuer zu nennen.

Fleece lässt sich beim Nähen sehr gut, schnell und einfach verarbeiten.

Doubleface

Unter Doubleface versteht man einen Stoff, der 2 Gesichter hat. Das bedeutet, dass er praktisch keine linke Seite hat. Der Stoff weist auf beiden Seiten die gleiche Optik auf oder wird bewusst zweifarbig oder mit unterschiedlicher Musterung gearbeitet. Somit kann er sehr gut für Wendemodelle oder für Genähtes mit Umschlägen verwendet werden.

Bänder, Borten, Spitzen

Der Handel bietet eine reiche Auswahl an unterschiedlichsten Zierbändern, Borten und Spitzen an.

Für Modelle, die gedehnt oder stark beansprucht werden, sollten Sie Bänder verwenden, die elastisch und strapazierfähig sind.

Zubehör und Werkzeug

Nähmaschinen-Nadeln

Für die in diesem Buch gezeigten Modelle sind Standardnadeln eine gute Wahl. Für Walk und Fleece empfehle ich Ihnen die Stärke 80. Sollten Sie ein Modell aus einem empfindlicheren, gestrickten Wollstoff arbeiten, dann können Sie auch eine Nähnadel mit einer abgerundeten Spitze verwenden. Grundsätzlich gilt: Je höher die Nadelnummer, desto dicker ist die Nadel. Nadelstärke, Stoff und Garnstärke müssen aufeinander abgestimmt sein. Übersichtstabellen hierzu finden Sie in Ihrer Nähmaschinen-Anleitung. Nähmaschinennadeln sind Verschleißteile und müssen dem Gebrauch entsprechend erneuert werden. Ist das Stichbild ungleichmäßig oder reißt der Faden oft, sollte die Nadel ausgetauscht werden.

Stecknadeln, Nähnadeln

Stecknadeln sind unverzichtbar zum Fixieren der Stofflagen. Wenn Sie die Stecknadeln quer zur Nährichtung stecken, können Sie diese beim Nähen leichter herausziehen.
Für Handstiche sollten Sie immer eine Auswahl an Universalnadeln bereithalten.

Garne

Achten Sie bei der Garnauswahl stets auf gute Qualität. Sie vermeiden dadurch reißende Fäden, Knoten- und Schlaufenbildung. Sie können für die Nähprojekte in diesem Buch sowohl Baumwoll- als auch Synthetikgarne verwenden. Bei den sogenannten Allesnähern steht eine breite Palette unzähliger Farbnuancen verschiedenster Hersteller zur Auswahl. Sollten Sie einmal nicht den passenden Farbton finden, entscheiden Sie sich am besten für die nächstdunklere Variante, diese fällt im Stoff am wenigsten auf.
Für sichtbare Dekonähte können auch leicht glänzende Stickgarne verwendet werden.

Stoffschere, Rollschneider

Zum Zuschneiden des Stoffes benötigen Sie eine Stoffschere. Sie können alternativ auch einen Rollschneider, ein Schneidelineal mit Zentimeterraster und eine Schneideunterlage verwenden – damit arbeiten Sie schnell und genau.
Für das Zurückschneiden der Nahtzugaben können Sie eine Zackenschere oder einen Wellen- bzw. Zackenschliff-Rollschneider verwenden. Für feine Arbeiten ist es gut, auch eine kleine Stickschere zur Hand zu haben.

Messwerkzeuge

Zur Schnitterstellung bzw. zum Zuschnitt von rechtwinkligen Flächen ist ein Patchworklineal mit Rastereinteilung sehr hilfreich. Alternativ können Sie auch Lineal und Geodreieck verwenden, um rechte Winkel auszumessen. Ein Maßband ist beim Zuschnitt und Maßnehmen unerlässlich. Es eignet sich auch, um Rundungen zu vermessen. Ein Handmaß erleichtert das Abmessen von Säumen und Nahtzugaben.

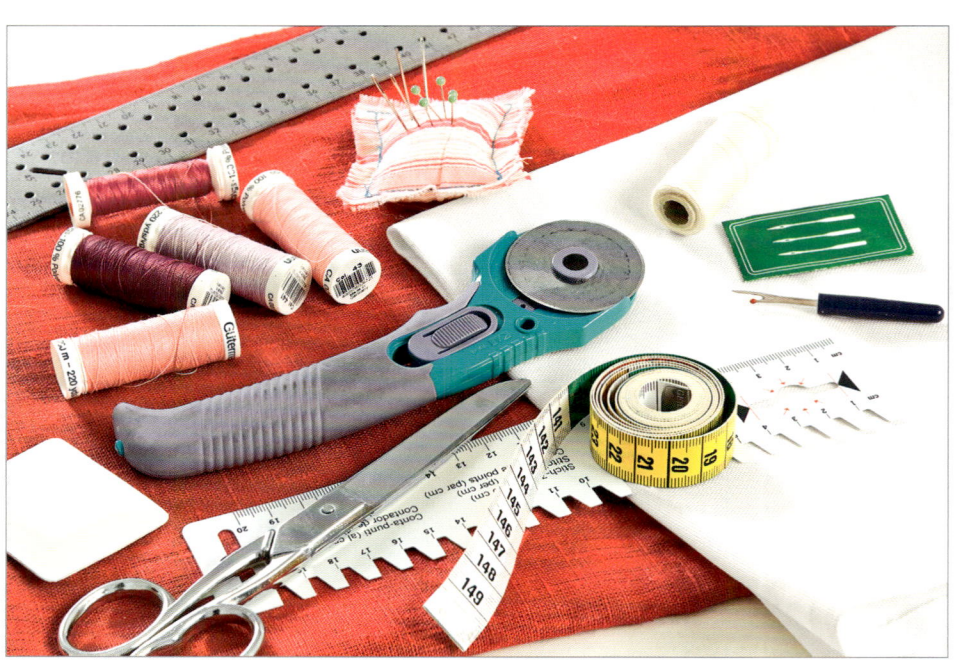

Grundbegriffe des Nähens

Stoffbruch

Legt man den Stoff doppelt, entsteht eine Faltlinie, die als Stoffbruch bezeichnet wird. Auf einem Schnitt bezeichnet der Stoffbruch die Mitte eines Schnittteils und ist meist als durchbrochene Linie dargestellt. Der Schnitt wird mit dieser Linie ohne Nahtzugabe an die gefaltete Kante des Stoffs angelegt. An dieser Stelle entsteht keine Naht.

Fadenlauf

Jedes Gewebe besteht aus Kettfäden (längs) und Schussfäden (quer). Der Fadenlauf entspricht der Richtung der Kettfäden und verläuft parallel zur Gewebekante.

Bei Strickstoffen und Gewirken spricht man vom Maschenlauf. Damit ist die Richtung gemeint, in der die Maschen übereinanderliegen. Beim Zuschnitt legen Sie den im Schnittmuster eingezeichneten Fadenlauf bzw. die Bruchkante parallel zur Stoffkante.

Waschen und Bügeln

Wenn Sie Ihre Modelle später waschen möchten, sollten Sie den Stoff bereits vor dem Zuschnitt waschen. Dies verhindert weitgehend ein späteres Einlaufen. Bei Walk handelt es sich um einen „verfilzten" Wollstoff aus bis zu 100 % Schurwolle. Da Wolle die Eigenschaft hat, immer weiter zu verfilzen, kann ein späteres Einlaufen nicht ausgeschlossen werden. Kalkulieren Sie daher lieber den Materialkauf etwas großzügiger.

Fleece hingegen läuft in der Regel weder beim Waschen noch im Trockner ein.

Bei manchen Modellen ist es hilfreich, wenn Sie Umbrüche und Nahtzugaben in die entsprechenden Richtungen bügeln. Verwenden Sie sowohl bei Walk und Fleece die geringste Temperaturstufe und wenig Dampf. Am besten probieren Sie an einem Stück Stoff das Bügelverhalten aus. Dabei sollte der Walk nicht schrumpfen und der Fleece nicht schmelzen. Zur Sicherheit können Sie den Stoff mit einem sauberen Baumwolltuch oder mit Backpapier abdecken.

Rechte und linke Stoffseite

Jeder Stoff hat eine rechte und eine linke Seite. Die rechte Seite entspricht der Stoffaußenseite. Bei bedruckten oder plastisch strukturierten Stoffen ist hier das Muster deutlicher zu sehen. Bei durchgefärbten und gewalkten Stoffen oder Stoffen mit Flor, wie sie hier verwendet werden, ist das Erkennen von rechter und linker Seite nicht ganz so einfach.

Bei Fleece können Sie folgenden Trick anwenden: dehnen Sie den Fleece quer zur Stoffkante. Der Fleece rollt sich in Richtung der linken Stoffseite zusammen.

Bei unifarbenem, ungemustertem Walk entscheiden Sie einfach danach, welche Seite Ihnen besser gefällt. Oft sind die Grundstoffe glatt rechts gestrickt, daher ist eine Seite nach dem Walken optisch etwas ruhiger.

Wenn Sie in der Anleitung lesen „Stoffe rechts auf rechts aufeinanderlegen", so bedeutet dies, dass die Stoffaußenseiten innen und die linken Seiten außen liegen. Liegt ein Stoff links auf links, liegen die rechten Seiten außen.

Zuschnitt und Nahtzugabe

In der Regel wird beim Zuschnitt eine Nahtzugabe hinzugerechnet. Bei den Vorlagen im Buch ist die Nahtzugabe bereits enthalten. Die Breite der Nahtzugabe ist jeweils angegeben. Bei Modellen mit mehreren Größen müssen Sie nur Ihre Größe auf Schnittmusterpapier übertragen und ausschneiden.

Stoffmengen

Die Stoffmenge wird bei allen Modellen ohne ein eventuelles Einlaufen der Stoffe durch Waschen angegeben. Sollten Sie insbesondere Walk waschen wollen, kaufen Sie lieber etwas großzügiger ein.

Die Breite entspricht entweder dem handelsüblichen Angebot oder es ist nur das tatsächlich benötigte Maß angegeben, damit Sie auf einen Blick sehen, ob ein Stoffrest ausreicht. Für Stoffe mit Musterrapport nehmen Sie am besten zum Einkauf Ihr Schnittmuster mit, um zu sehen, wie viel Stoff Sie benötigen.

Fadenspannung

Je nach Stoffart- und dicke muss die Fadenspannung der Nähmaschine nachreguliert werden, damit keine Garnschlaufen entstehen. Am besten nähen Sie zunächst ein kleines Teststück mit den entsprechenden Stoffen.

Stecken

Fixieren Sie Ihre Stoffteile immer erst mit Stecknadeln, damit sie beim Nähen nicht verrutschen oder Falten werfen. Stecken Sie hierbei die Nadeln immer quer zur Nahtrichtung.

Grundtechniken des Nähens

Verstürzte Naht: gerade Kanten

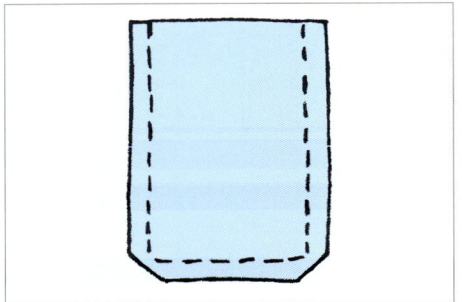

Die rechten Stoffseiten liegen zunächst aufeinander und die Schnittkanten schließen bündig ab. Nähen Sie die Teile bis auf eine Wendeöffnung aufeinander. Schneiden Sie die Nahtzugaben an den Ecken schräg ab, wenden Sie das Teil und drücken die Ecken vorsichtig in Form.

Verstürzte Naht: Rundungen

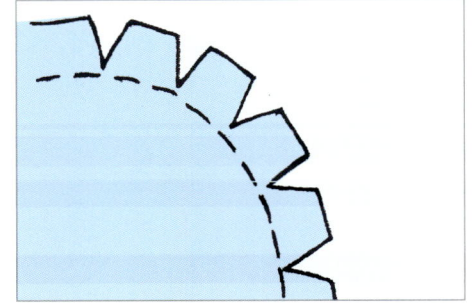

Auch bei Rundungen liegen zunächst beide rechten Stoffseiten aufeinander. Nach dem Absteppen werden die Nahtzugaben in kleinen Abständen bis ca. 1 mm vor die Naht eingeschnitten. Hierdurch erreichen Sie nach dem Wenden eine schöne und flach liegende Rundung.

Sie können das Einschneiden der Nahtzugaben rationeller gestalten, wenn Sie mit einer Zackenschere oder einem Wellen- bzw. Zackenschliff-Rollschneider die Nahtzugaben stark zurückschneiden.

Nähte verriegeln

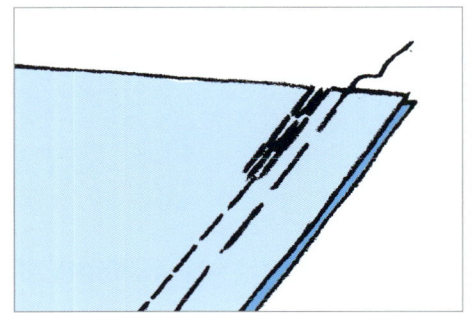

Jede Naht wird am Anfang und Ende vernäht, damit sie sich nicht wieder auflöst. Nähen Sie am Nahtbeginn ein paar Stiche vorwärts und dann drei bis vier Stiche zurück. Danach nähen Sie die ganze Naht vorwärts bis zum Ende. Das Nahtende sichern Sie wieder mit drei bis vier Rückwärtsstichen.

Kante mit Einfassband einfassen

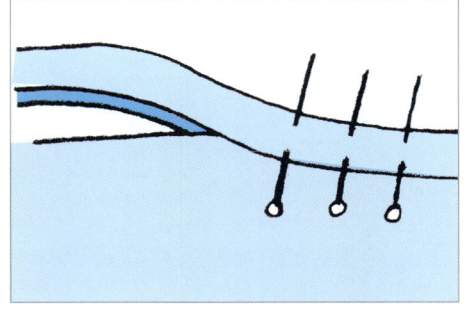

Im Handel sind sowohl feste als auch elastische Einfassbänder in unterschiedlichen Breiten erhältlich. Für dieses Buch habe ich eine Breite von ca. 2 cm gewählt. Da die Bänder meist vorgefalzt bzw. mit einer Bruchkante ausgestattet sind, beträgt die sichtbare Breite 1 cm auf jeder Kantenseite. Für Walkstoffe eignen sich sogenannte Falz-Tressen. Für Kanten, die beim Tragen oder An- und Ausziehen gedehnt werden, sollten Sie elastische Einfassbänder verwenden. Bei der Verarbeitung legen und stecken Sie die Einfassbänder auf beiden Seiten gleich weit um die Stoffkante. Dann nähen Sie das Einfassband von der rechten Stoffseite aus auf.

Nähmaschinenstiche

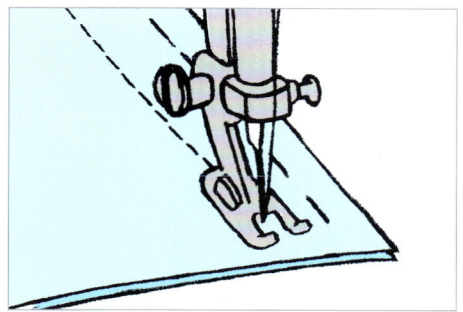

Die in diesem Buch am häufigsten verwendeten Stiche sind der gerade Steppstich und der elastische schmale Zickzackstich. Diese beiden Sticharten näht jede handelsübliche Haushaltsnähmaschine. Grundsätzlich lässt sich Folgendes sagen: je dicker der Stoff und je dicker das Nähgarn, desto länger die Stichlänge. Für Walk und Fleece hat sich beim Steppstich eine Stichlänge von 3 bewährt. Der Steppstich ist der gebräuchlichste Stich und sieht auf der Ober- wie auf der Unterseite des Stoffes gleich aus.

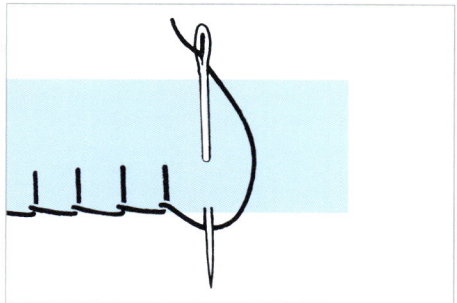

Der Zickzackstich ist durch seine Variationsmöglichkeiten in Breite und Länge vielseitig einsetzbar. Hier wird er für das Steppen der leicht dehnbaren Stoffe verwendet. Damit die Naht elastisch wird, wählen Sie hierfür am besten eine geringe Stichbreite (2) und eine mittlere Stichlänge (2,5)

Festonstich/Langettenstich

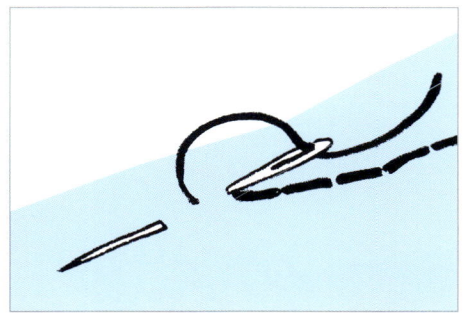

Der Festonstich eignet sich zum Versäubern von Stoffkanten, kann aber auch als effektvoller Zierstich eingesetzt werden. Arbeiten Sie den Stich von oben nach unten an der Stoffkante entlang. Stechen Sie die Nadel von oben nach unten durch den Stoff und führen die Nadel an der Stoffkante duch die entstandene Schlinge. Ziehen Sie dann den Faden an. Für eine schöne Optik sollten Sie auf gleichmäßige Abstände zwischen den Stichen achten.

Vorstich/Heftstich

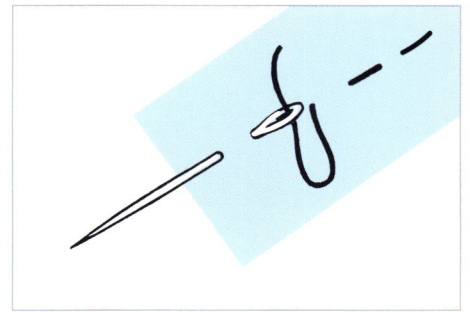

Mit diesem Stich werden zwei oder mehr Stofflagen zusammengehalten. Hierfür einfach von oben nach unten durch die Stofflagen stechen, die Nadel ein Stück weiterführen und von unten nach oben wieder ausstechen. Wiederholen Sie den Vorgang und ziehen Sie den Faden nach jedem Stich an.

Staffierstich

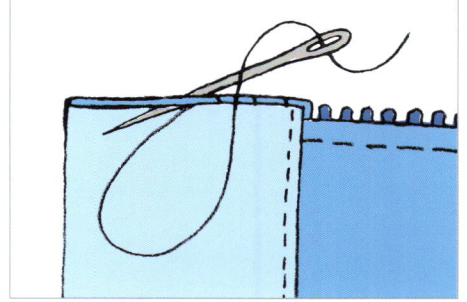

Stechen Sie mit der Nadel an der vorderen Stoffkante aus und auf gleicher Höhe in die hintere Stoffkante ein. Führen Sie die Nadel durch den Stoff zur Seite, stechen wieder aus der vorderen Stoffkante aus und auf gleicher Höhe in die hintere Kante ein, sodass nur ein ganz kleiner Stich quer zur Naht sichtbar ist.

Steppstich

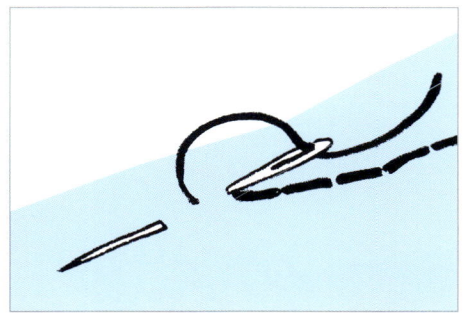

Der Steppstich dient zum Zusammennähen von Stofflagen. Gearbeitet wird von rechts nach links. Die Nadel einstechen, nach ca. 5 mm wieder ausstechen. Etwa 3 mm hinter dem Ausstich wieder einstechen. Nach doppelter Stichlänge (ca. 6 mm) wieder ausstechen und genau im vorigen Ausstich wieder einstechen.

Besondere Techniken

Biese

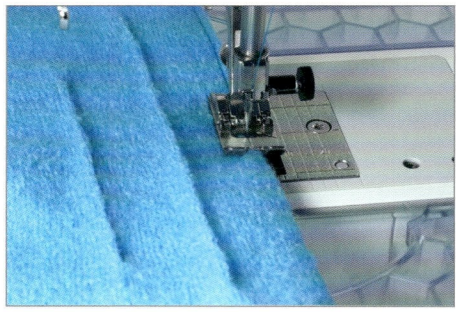

Biesen sind sehr schmal abgesteppte Stoffumbrüche, die der Dekoration dienen. Sie werden von der rechten Stoffseite gearbeitet. Falten Sie den Stoff links auf links an der Stelle, an der die Biese entstehen soll. Stecken und steppen Sie diesen Umbruch sehr schmal ab.

Zwillingsnadel

Die Zwillingsnadel besteht aus zwei Nadeln, die über einen Verbindungssteg an einem Kolben befestigt sind. Für dickere Stoffe eignen sich Nadeln mit breiteren Abständen von 4 mm. In diesem Buch wird die Zwillingsnadel für das dekorative und elastische Säumen der dehnbaren Stoffe verwendet. Nähen Sie die

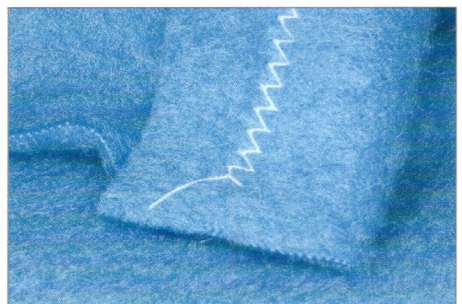

Säume mit einem geraden Steppstich in der Stichlänge 3. Fädeln Sie hierfür 2 Oberfäden in die Nadeln ein, diese bilden 2 parallele Steppnähte. Die Rückseite wird durch den Unterfaden automatisch zu einem Zickzackstich. Es empfiehlt sich, eine Nähprobe anzufertigen, um die Fadenspannung zu überprüfen.

Strassapplikation

1. Für Strassapplikationen gibt es Strasssteine, die mit einem Schmelzkleber auf ihrer flachen Rückseite versehen sind. Diese können entweder einzeln mit einem Strassapplikator (einer Art Lötkolben für Strass) oder mithilfe einer sogenannten Transferfolie auf den Stoff auf-

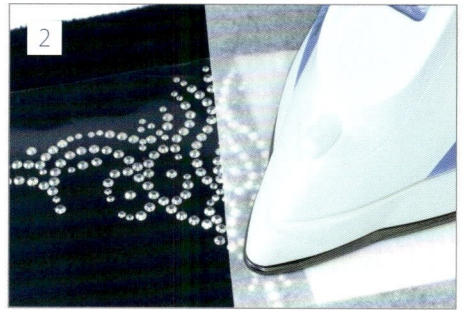

geklebt werden. Es empfiehlt sich, den Stoff vorher zu waschen und eine Bügelprobe zu machen. Für die Aufbringung mit einem Strassapplikator werden die einzelnen Steine aufgepickt, im Applikator erhitzt und dann direkt auf den Stoff geklebt.

2. Bei komplexeren Motiven bietet sich die Verwendung von Transferfolie an. Legen Sie hierfür Ihre Motivvorlage unter die transparente Folie, ziehen Sie die Schutzfolie ab und bestücken Sie die transparente Folie mit den entsprechenden Strasssteinen, die geschliffene Glasseite wird dabei auf die Folie geklebt. Das fertige Motiv platzieren Sie auf der gewünschten Stelle und bügeln es auf Stufe 2, ohne zu Reiben, mit leichtem Druck und mit einem Backpapier als Trennschicht komplett auf den Stoff. Lassen Sie das Motiv kurz auskühlen, bügeln Sie es nochmals kurz und ohne Reibung von der linken Stoffseite und lassen es dann völlig auskühlen.

Bommel

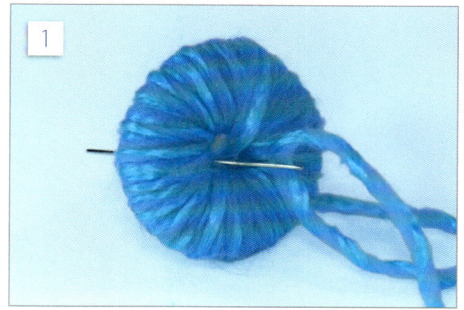

1. Für die Herstellung von Bommeln benötigen Sie stabilen Pappkarton, möglichst buschige und zum Accessoire und Stoff passende Wolle, eine Stopfnadel und eine Schere. Für einen Bommel von ca. 4 cm Durchmesser schneiden Sie aus Pappkarton 2 Kreise mit 4,5 cm Durchmesser aus. Aus der Mitte dieser Pappkreise schneiden Sie einen Innenkreis von 1,5 cm aus.

Die beiden Pappringe schneiden Sie jeweils an einer Stelle auf und legen sie so aufeinander, dass die Schlitze sich gegenüberliegen. Fädeln Sie die Wolle durch die Stopfnadel und fädeln/ wickeln die Wolle damit eng um die Pappscheiben, bis das Innenloch ausgefüllt ist. Das Wollende lassen Sie einfach hängen.

2. Schneiden Sie die Wollfäden zwischen den Pappscheiben auf, umwickeln mit einem doppelten Faden die Bommelfäden zwischen den Pappscheiben ganz fest und knoten die Enden dieses Fadens fest zusammen. Die Enden können Sie später zum Annähen verwenden. Entfernen Sie die Pappscheiben und „frisieren" Sie Ihren Bommel in die gewünschte Form.
Alternativ gibt es im Handel auch Pompon-Sets, mit denen sich die Bommel schnell und einfach herstellen lassen.

Walkblume

1. Sie benötigen 15 x 40 cm Walk, eine Nähnadel und passendes Nähgarn. Schneiden Sie je einmal die große, mittlere und kleine Blüte zu. Umnähen Sie das Innenloch der kleinen Blüte mit Vorstichen, siehe Seite 59, vernähen Sie dabei den Nahtanfang.

Ziehen Sie dann den Stoff zusammen, bis sich das Loch schließt. Zum Fixieren nähen Sie die Kanten des Innenkreises zusammen.

2. Wiederholen Sie die Schritte bei der mittleren Blüte. Vor dem Zusammenziehen stecken Sie jedoch die kleine Blüte in das Innenloch, sodass die Blütenblätter in den Zwischenräumen der Blätter der kleinen Blüte sitzen. Ziehen Sie die Blüte nur so weit zusammen, bis sich die Ränder der mittleren Blüte fest an die kleine Blüte anschmiegen. Nähen Sie die Kante des Innenlochs der mittleren Blüte an die kleine Blüte an. Das Gleiche wiederholen Sie mit der großen Blüte. Nähen Sie zum Schluss alle unteren Blütenkanten fest aneinander.

Impressum

Idee, Entwürfe und Realisation: Carmen Dahlem
Lektorat: Beate Schmitz
Redaktion: Angelika Klein
Fotos: Florian Bilger
Stepfotos: Carmen Dahlem
Styling: Peggy Kummerow
Schnittbogen: Beate Schmitz
Step-Zeichnungen: Susanne Nöllgen
Umschlaggestaltung: Yvonne Rangnitt-Voigt
Satz: GrafikwerkFreiburg
Reproduktion: Meyle + Müller GmbH & Co. KG,
Pforzheim
Druck und Verarbeitung: polygraf print, Slowakei

ISBN 978-3-8410-6078-5
Art.-Nr. OZ6078

7. Auflage 2014

© 2011 Christophorus Verlag GmbH & Co. KG,
Freiburg
Alle Rechte vorbehalten

Herstellernachweis, Bezugsquellen

- griffBereit, Freiburg
  www.griffbereit-design.de
- Stofftanten, Osnabrück
  www.stofftanten.de

Danksagung

Den folgenden Firmen möchten wir für die freundliche Unterstützung durch die Bereitstellung von Materialien danken:

- Buddeberg & Weck GmbH, Wuppertal
  www.buweck.de
- Hacotex GmbH & Co. KG, Wuppertal
  www.hacotex.de
- Hilco Textil GmbH, Leinfelden-Echterdingen
  www.hilco.de
- Toptex, Pocking
  www.toptex-ott.de

Kreativ-Service

Sie haben Fragen zu den Büchern und Materialien? Frau Erika Noll ist für Sie da und berät Sie rund um alle Kreativthemen. Rufen Sie an! Wir interessieren uns auch für Ihre eigenen Ideen und Anregungen. Sie erreichen Frau Noll per E-Mail: mail@kreativ-service.info oder Tel.: +49 (0) 5052 / 91 18 58 Montag bis Donnerstag: 9–17 Uhr / Freitag: 9–13 Uhr

Besuchen Sie uns im Internet: www.christophorus-verlag.de